AF205556

Impressum
Verlag: BABADADA GmbH, Nedderfeld 112 , 22529 Hamburg
Geschäftsführer / Verlagsleitung: Harald Hof
Druck: Books on Demand GmbH, In de Tarpen 42, 22848 Norderstedt

Imprint
Publisher: BABADADA GmbH, Nedderfeld 112 , 22529 Hamburg, Germany
Managing Director / Publishing direction: Harald Hof
Print: Books on Demand GmbH, In de Tarpen 42, 22848 Norderstedt, Germany

Schule

școală

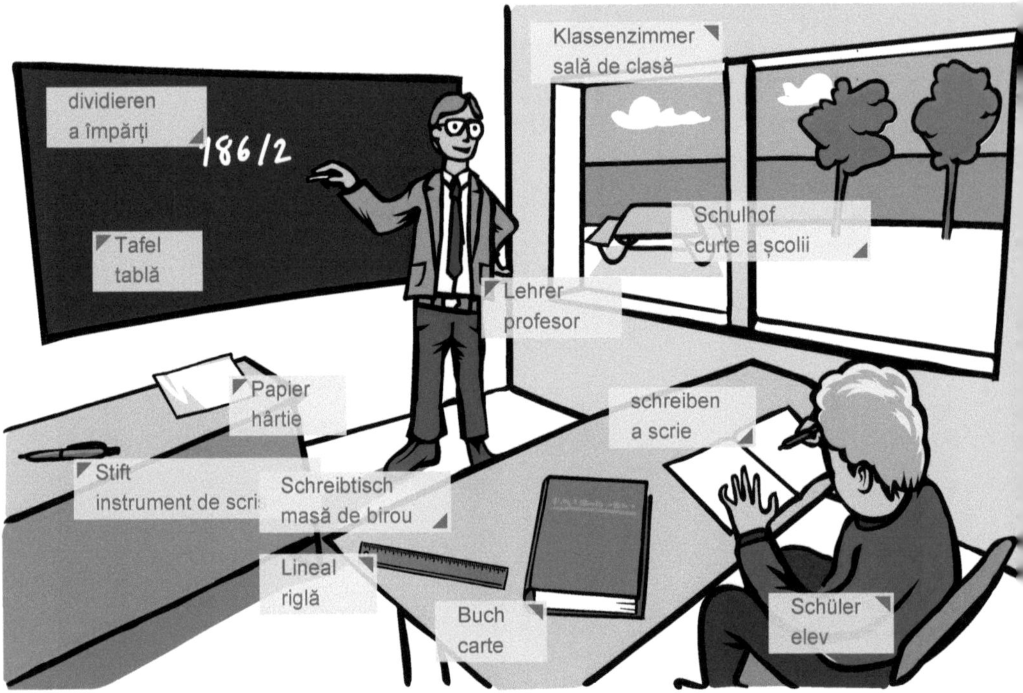
Klassenzimmer
sală de clasă
dividieren
a împărți
186/2
Tafel
tablă
Schulhof
curte a școlii
Lehrer
profesor
Papier
hârtie
schreiben
a scrie
Stift
instrument de scri
Schreibtisch
masă de birou
Lineal
riglă
Buch
carte
Schüler
elev

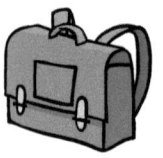

Ranzen
ghiozdan

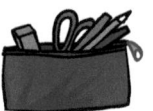

Federmappe
penar

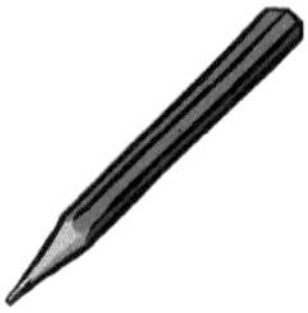

Bleistift
creion

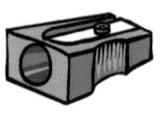

Bleistiftanspitzer
ascuțitoare

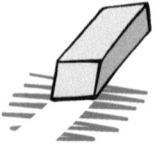

Radiergummi
radieră

Zeichenblock
bloc de desen

Zeichnung
desen

Pinsel
pensulă

Malkasten
cutie de acuarele

Schere
foarfece

Klebstoff
lipici

Übungsheft
caiet de exerciţii

Hausaufgabe
temă

Zahl
număr

addieren
a aduna

subtrahieren
a scădea

multiplizieren
a multiplica

rechnen
a calcula

Buchstabe
literă

Alphabet
alfabet

Wort
cuvânt

Text

text

lesen

a citi

Kreide

cretă

Stunde

oră

Klassenbuch

catalog

Prüfung

examen

Zeugnis

certificat

Schuluniform

uniformă școlară

Ausbildung

educație

Lexikon

enciclopedie

Universität

universitate

Mikroskop

microscop

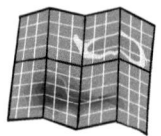

Karte

hartă

Papierkorb

coș de gunoi

Schule - școală

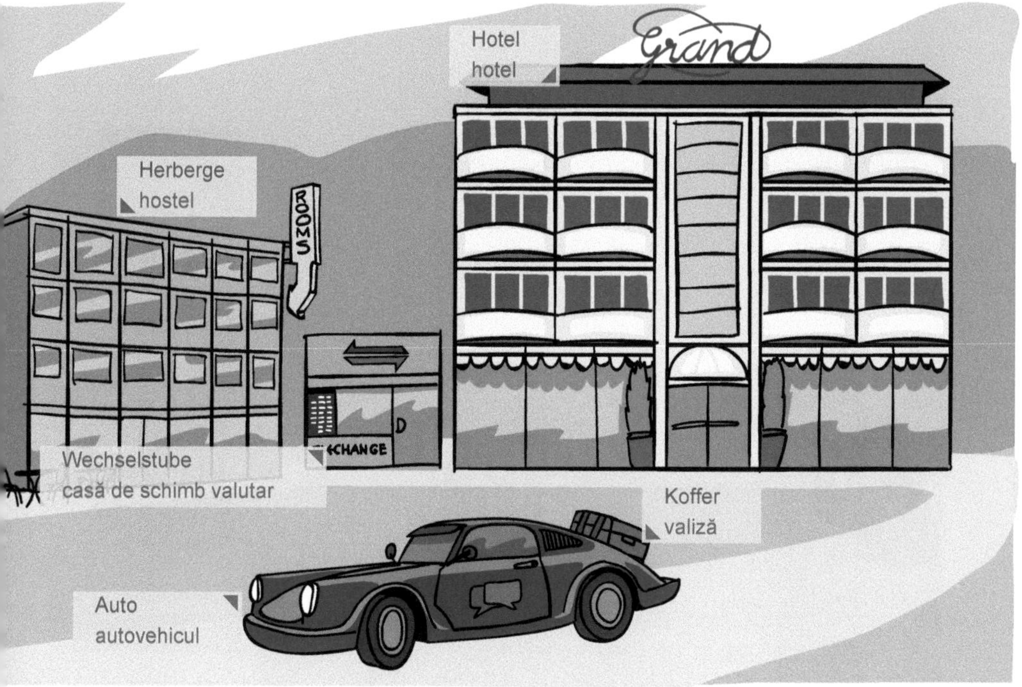

Hotel
hotel
Grand
Herberge
hostel
ROOMS
Wechselstube
casă de schimb valutar
CHANGE
Koffer
valiză
Auto
autovehicul

Sprache
limbă

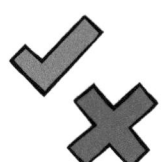

ja / nein
da/nu

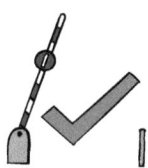

Okay
okay

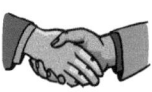

Hallo
Bună!

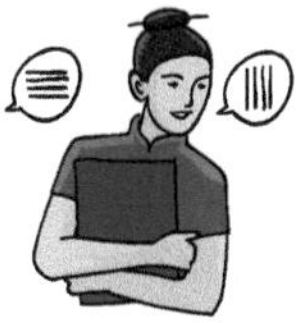

Übersetzer
interpret

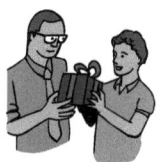

Danke
mulțumesc

Was kostet...?

Cât costă...?

Ich verstehe nicht

Nu înțeleg

Problem

problemă

Guten Abend!

Bună seara!

Guten Morgen!

Bună dimineața!

Gute Nacht!

Noapte bună!

Auf Wiedersehen

la revedere

Richtung

direcție

Gepäck

bagaj

Tasche

geantă

Rucksack

rucsac

Gast

oaspete

Zimmer

cameră

Schlafsack

sac de dormit

Zelt

cort

Touristeninformation

unct de informare turistică

Strand

plajă

Kreditkarte

carte de credit

Frühstück

mic dejun

Mittagessen

masa de prânz

Abendessen

cină

Fahrkarte

bilet de călătorie

Fahrstuhl

lift

Briefmarke

timbru poștal

Grenze

graniță

Zoll

vamă

Botschaft

ambasadă

Visum

viză

Pass

pașaport

Transport
transport

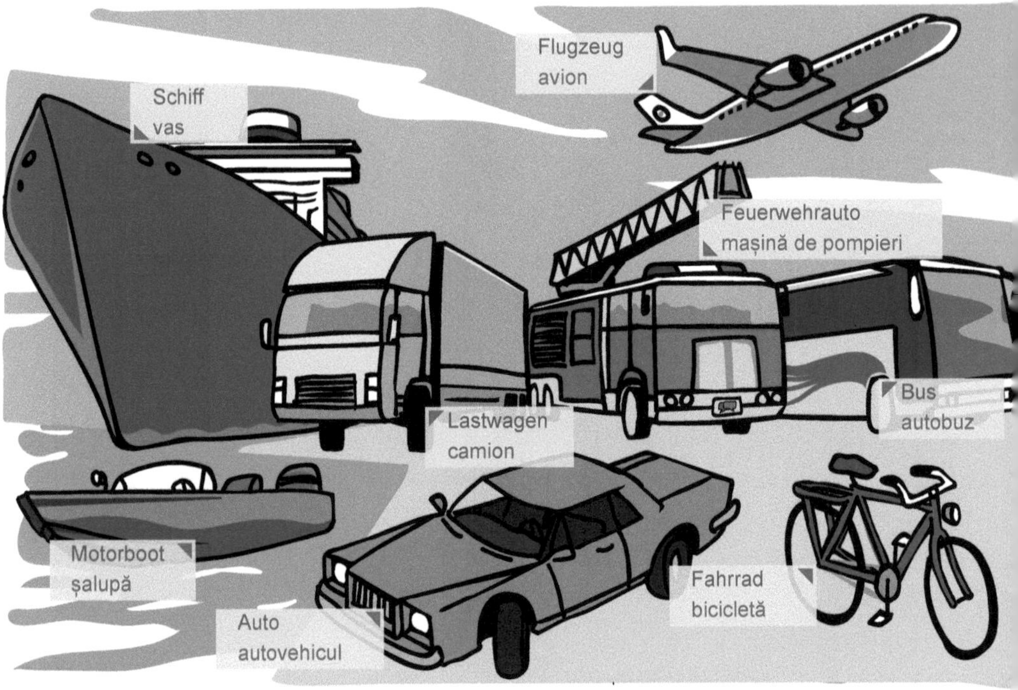
Flugzeug
avion
Schiff
vas
Feuerwehrauto
mașină de pompieri
Bus
autobuz
Lastwagen
camion
Motorboot
șalupă
Fahrrad
bicicletă
Auto
autovehicul

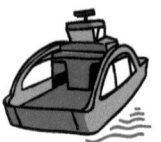

Fähre

feribot

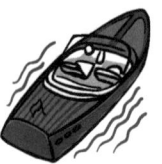

Boot

barcă

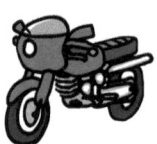

Motorrad

motocicletă

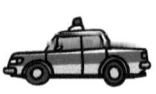

Polizeiauto

mașină de poliție

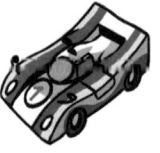

Rennauto

mașină de curse

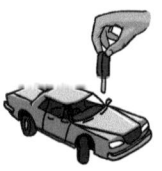

Mietwagen

mașină închiriată

Carsharing

car sharing

Abschleppwagen

mașină de tractat

Müllauto

mașină de gunoi

Motor

motor

Kraftstoff

combustibil

Tankstelle

benzinărie

Verkehrsschild

semn de circulație

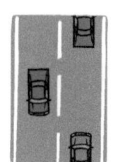

Verkehr

trafic

Stau

ambuteiaj

Parkplatz

parcare

Bahnhof

gară

Schienen

șine

Zug

tren

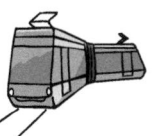

Straßenbahn

tramvai

Wagon

vagon

Helikopter

elicopter

Flughafen

aeroport

Tower

turn

Passagier

pasager

Container

container

Karton

carton

Karren

căruță

Korb

coș

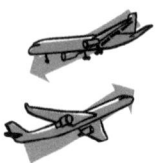

starten / landen

a decola/a ateriza

Stadt

oraș

Dorf

sat

Stadtzentrum

centru

Haus

casă

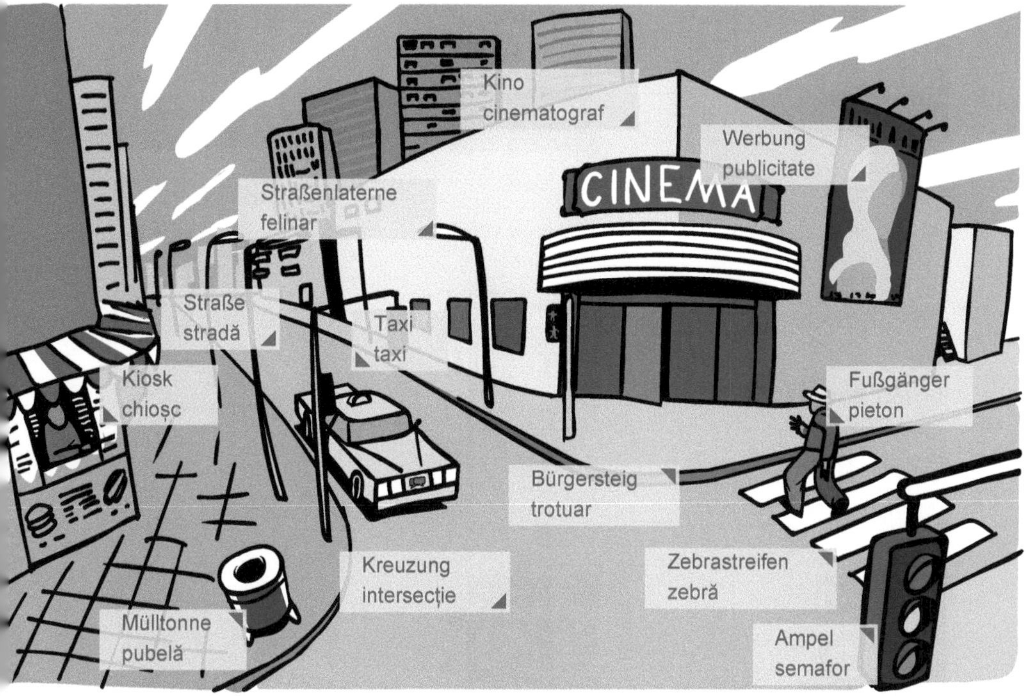

Kino
cinematograf

Werbung
publicitate

Straßenlaterne
felinar

CINEMA

Straße
stradă

Taxi
taxi

Fußgänger
pieton

Kiosk
chiosc

Bürgersteig
trotuar

Kreuzung
intersecție

Zebrastreifen
zebră

Mülltonne
pubelă

Ampel
semafor

Hütte

cabană

Wohnung

apartament

Bahnhof

gară

Rathaus

primărie

Museum

muzeu

Schule

școală

Universität

universitate

Bank

bancă

Krankenhaus

spital

Hotel

hotel

Apotheke

farmacie

Büro

birou

Buchhandlung

librărie

Geschäft

magazin

Blumenladen

florărie

Supermarkt

supermarket

Markt

piață

Kaufhaus

magazin universal

Fischhändler

comerciant de pește

Einkaufszentrum

centru comercial

Hafen

port

Park
parc

Bank
bancă

Brücke
pod

Treppe
trepte

U-Bahn
metrou

Tunnel
tunel

Bushaltestelle
stație de autobuz

Bar
bar

Restaurant
restaurant

Briefkasten
cutie poștală

Straßenschild
tăbliță indicatoare cu
numele străzii

Parkuhr
parcometru

Zoo
grădină zoologică

Badeanstalt
piscină

Moschee
moschee

Bauernhof

gospodărie țărănească

Umweltverschmutzung

poluare

Friedhof

cimitir

Kirche

biserică

Spielplatz

loc de joacă

Tempel

templu

Landschaft

peisaj

Blatt
frunză

Wegweiser
indicator

Weg
drum

Wiese
pajiște

Stein
piatră

Baum
copac

Wanderer
drumeț

Fluss
râu

Gras
iarbă

Blume
floare

Tal

vale

Berg

deal

See

lac

Wald

pădure

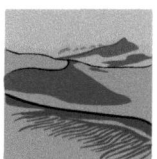

Wüste

deșert

Vulkan

vulcan

Schloss

castel

Regenbogen

curcubeu

Pilz

ciupercă

Palme

palmier

Moskito

țânțar

Fliege

muscă

Ameise

furnică

Biene

albină

Spinne

păianjen

Käfer

gândac

Frosch

broască

Eichhörnchen

veveriţă

Igel

arici

Hase

iepure

Eule

bufniţă

Vogel

pasăre

Schwan

lebădă

Wildschwein

porc mistreţ

Hirsch

cerb

Elch

elan

Staudamm

dig

Windrad

turbină eoliană

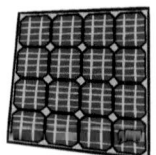

Solarmodul

panou solar

Klima

climă

Restaurant
restaurant

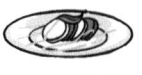

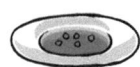

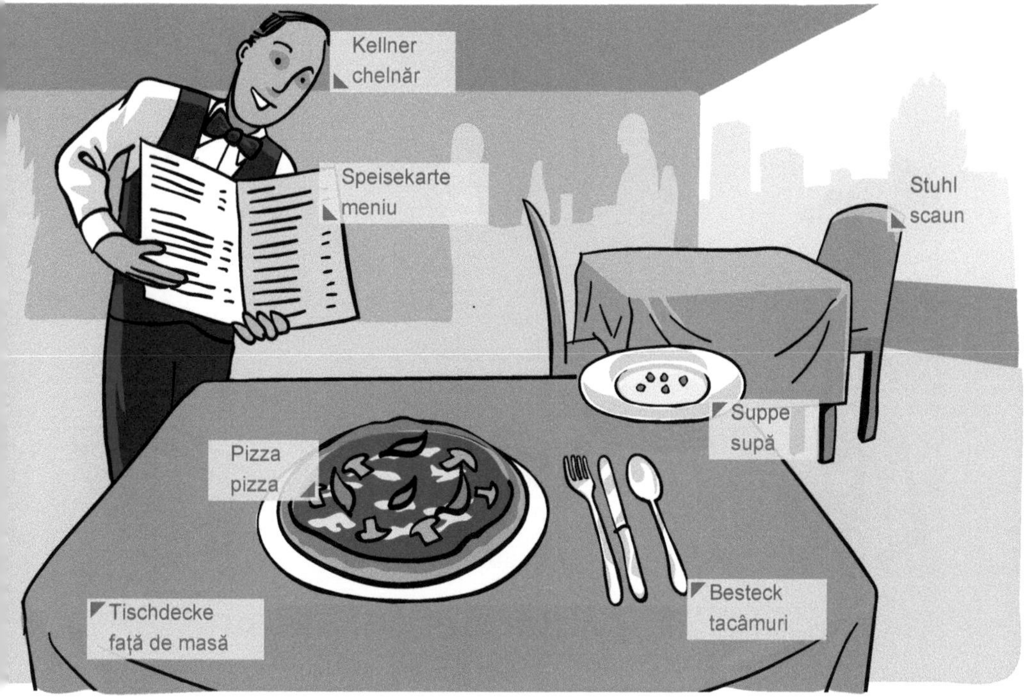

Kellner
chelnăr
Speisekarte
meniu
Stuhl
scaun
Suppe
supă
Pizza
pizza
Besteck
tacâmuri
Tischdecke
față de masă

Vorspeise
antreu

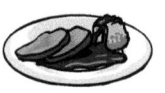

Hauptgericht
fel principal

Nachspeise
desert

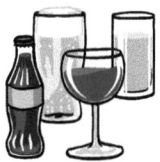

Getränke
băuturi

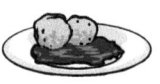

Essen
mâncare

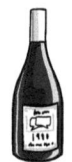

Flasche
sticlă

Fastfood

fastfood

Streetfood

streetfood

Teekanne

ceainic

Zuckerdose

zaharniță

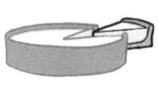

Portion

porție

Espressomaschine

espressor

Hochstuhl

scaun înalt (pentru copii)

Rechnung

factură

Tablett

tavă

Messer

cuțit

Gabel

furculiță

Löffel

lingură

Teelöffel

linguriță

Serviette

șervețel

Glas

pahar

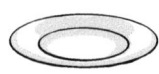

Teller

farfurie

Suppenteller

farfurie de supă

Untertasse

farfurie

Sauce

sos

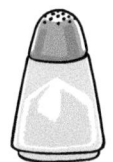

Salzstreuer

solniță

Pfeffermühle

râșniță de piper

Essig

oțet

Öl

ulei

Gewürze

condimente

Ketchup

ketchup

Senf

muștar

Mayonnaise

maioneză

Supermarkt
supermarket

Angebot
ofertă
FOR
Kunde
client
Milchprodukte
produse lactate
Obst
fructe
Einkaufswagen
cărucior de cumpărături

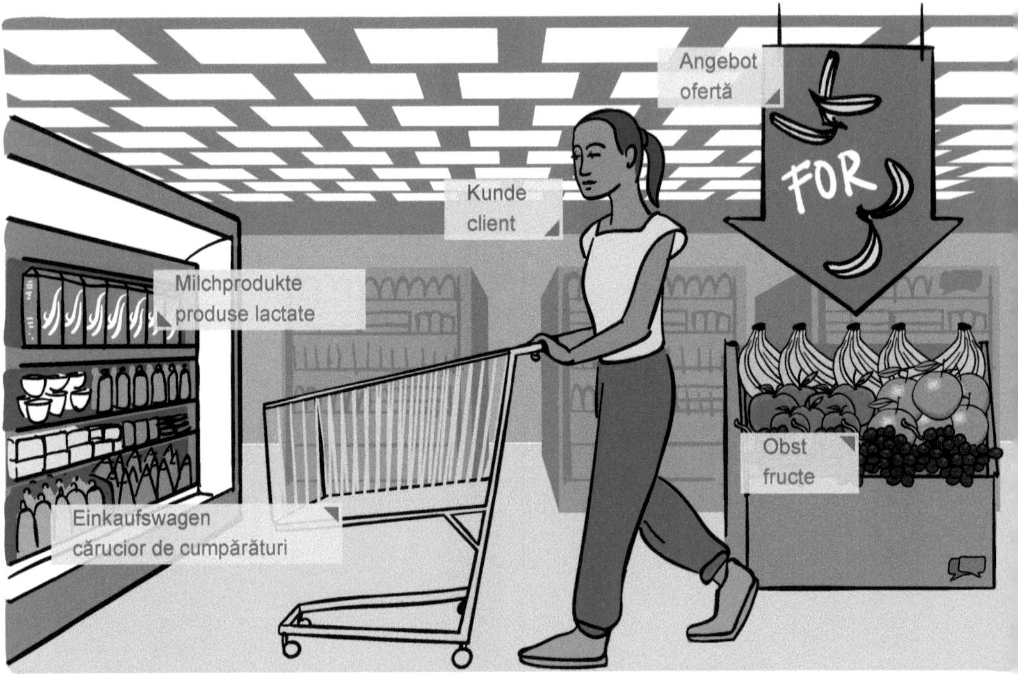

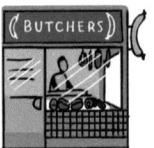

BUTCHERS

Schlachterei

mācelărie

BAKERY

Bäckerei

brutărie

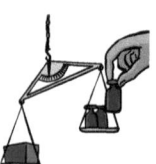

wiegen

a cântări

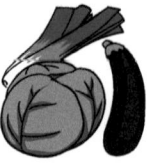

Gemüse

legume

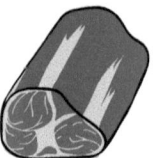

Fleisch

carne

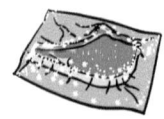

Tiefkühlkost

alimente refrigerate

Aufschnitt

mezeluri și brânzeturi feliate

Konserven

conserve

Waschmittel

detergent

Süßigkeiten

dulciuri

Haushaltsartikel

articole de menaj

Reinigungsmittel

produse de curățenie

Verkäuferin

vânzătoare

Kasse

casă

Kassierer

casier

Einkaufsliste

listă de cumpărături

Öffnungszeiten

orar

Brieftasche

portmoneu

Kreditkarte

carte de credit

Tasche

geantă

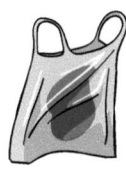

Plastiktüte

pungă de plastic

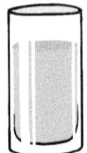

Wasser

apă

Saft

suc

Milch

lapte

Cola

cola

Wein

vin

Bier

bere

Alkohol

alcool

Kakao

cacao

Tee

ceai

Kaffee

cafea

Espresso

espresso

Cappuccino

cappucino

Banane

banane

Apfel

măr

Orange

portocală

Melone

pepene

Zitrone

lămâie

Karotte

morcov

Knoblauch

usturoi

Bambus

bambus

Zwiebel

ceapă

Pilz

ciupercă

Nüsse

nuci

Nudeln

paste făinoase

Spaghetti

spagheti

Reis

orez

Salat

salată

Pommes frites

cartofi prăjiți

Bratkartoffeln

cartofi țărănești

Pizza

pizza

Hamburger

hamburger

Sandwich

sandwich

Schnitzel

șnițel

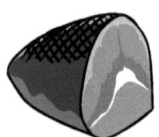

Schinken

șuncă

Salami

salam

Wurst

cârnați

Huhn

pui

Braten

friptură

Fisch

pește

Haferflocken

fulgi de ovăz

Müsli

musli

Cornflakes

cereale

Mehl

făină

Croissant

corn

Brötchen

chifle

Brot

pâine

Toast

pâine prăjită

Kekse

biscuiți

Butter

unt

Quark

brânză de vaci

Kuchen

prăjitură

Ei

ou

Spiegelei

ouă ochiuri

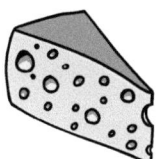

Käse

brânză

Eiscreme

înghețată

Zucker

zahăr

Honig

miere

Marmelade

marmeladă

Nougat-Creme

cremă nuga

Curry

curry

Bauernhof
gospodărie țărănească

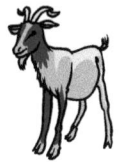

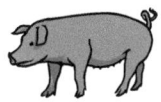

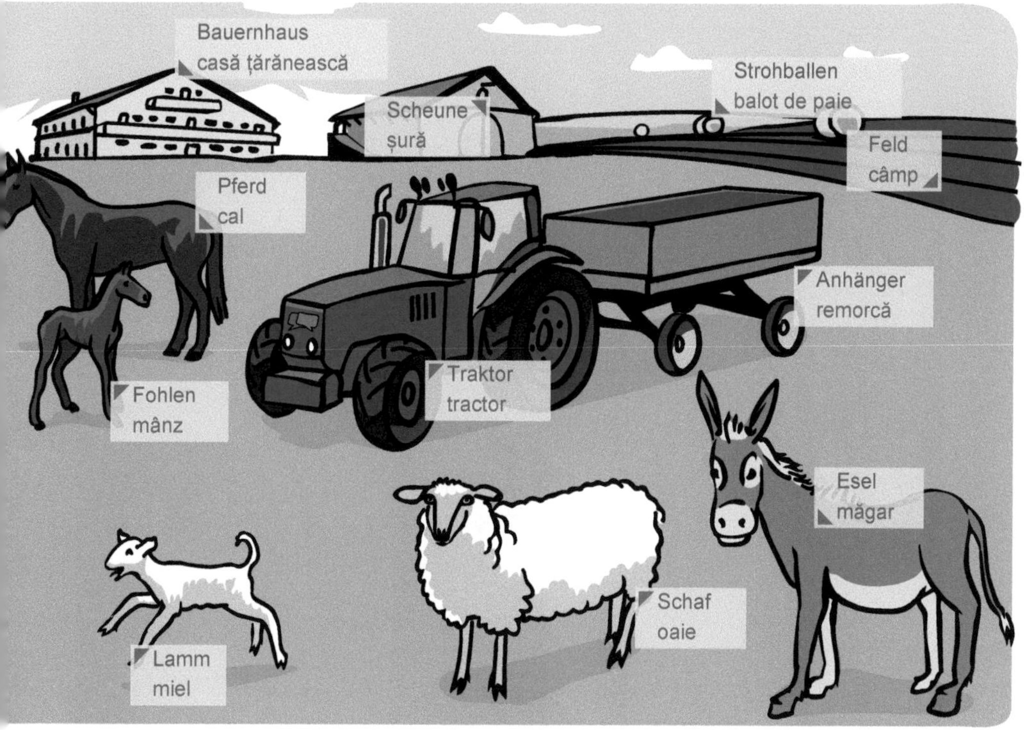
Bauernhaus
casă țărănească
Strohballen
balot de paie
Scheune
șură
Feld
câmp
Pferd
cal
Anhänger
remorcă
Traktor
tractor
Fohlen
mânz
Esel
măgar
Schaf
oaie
Lamm
miel

Ziege
capră

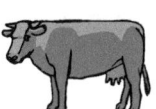

Kuh
vacă

Kalb
vițel

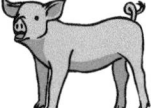

Schwein
porc

Ferkel
purcel

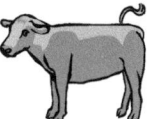

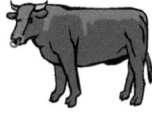

Bulle
taur

Gans

găină

Ente

rață

Küken

pui

Huhn

găină

Hahn

cocoș

Ratte

șobolan

Katze

pisică

Maus

șoarece

Ochse

bou

Hund

câine

Hundehütte

cușcă

Gartenschlauch

furtun de grădină

Gießkanne

stropitoare

Sense

coasă

Pflug

plug

Sichel

seceră

Hacke

sapă

Mistgabel

furcă

Axt

secure

Schubkarre

roabă

Trog

troacă

Milchkanne

cană pentru lapte

Sack

sac

Zaun

gard

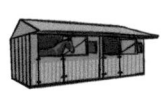

Stall

grajd

Treibhaus

seră

Boden

sol

Saat

sămânță

Dünger

fertilizator

Mähdrescher

combină de treierat

ernten

a culege

Ernte

recoltă

Yamswurzel

cartof yam

Weizen

grâu

Soja

soia

Kartoffel

cartof

Mais

porumb

Raps

rapiță

Obstbaum

pom fructifer

Maniok

manioc

Getreide

cereale

Bauernhof - gospodărie țărănească

Haus
casă

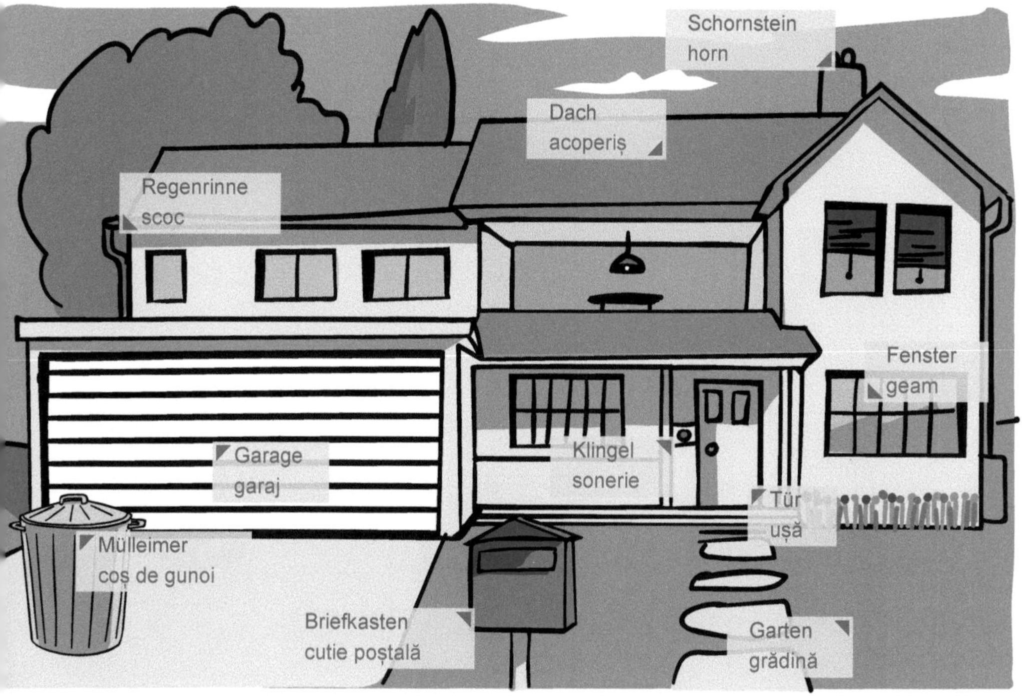

Schornstein
horn
Dach
acoperiș
Regenrinne
scoc
Fenster
geam
Garage
garaj
Klingel
sonerie
Tür
ușă
Mülleimer
coș de gunoi
Briefkasten
cutie poștală
Garten
grădină

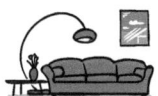

Wohnzimmer

cameră de zi

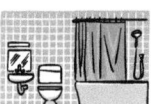

Badezimmer

baie

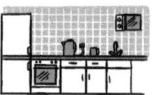

Küche

bucătărie

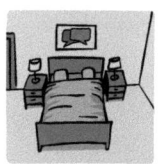

Schlafzimmer

dormitor

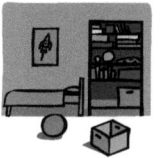

Kinderzimmer

camera copiilor

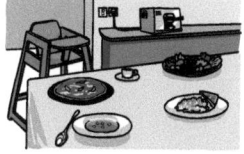

Esszimmer

sufragerie

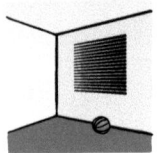

Boden

podea

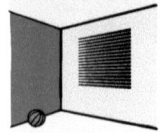

Wand

perete

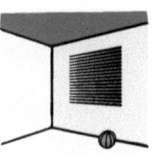

Decke

tavan

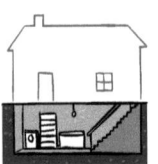

Keller

pivniță

Sauna

saună

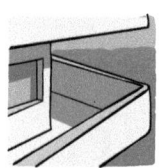

Balkon

balcon

Terrasse

terasă

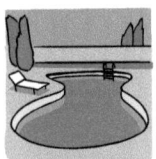

Schwimmbad

piscină

Rasenmäher

mașină de tuns iarba

Bettbezug

cearșaf

Bettdecke

cuvertură

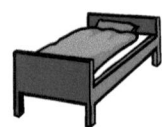

Bett

pat

Besen

mătură

Eimer

găleată

Schalter

întrerupător

Tapete
tapet

Bild
pictură

Lampe
lampă

Regal
raft

Schrank
dulap

Kamin
şemineu

Fernseher
televizor

Blume
floare

Kissen
pernă

Vase
vază

Sofa
sofa

Fernbedienung
telecomandă

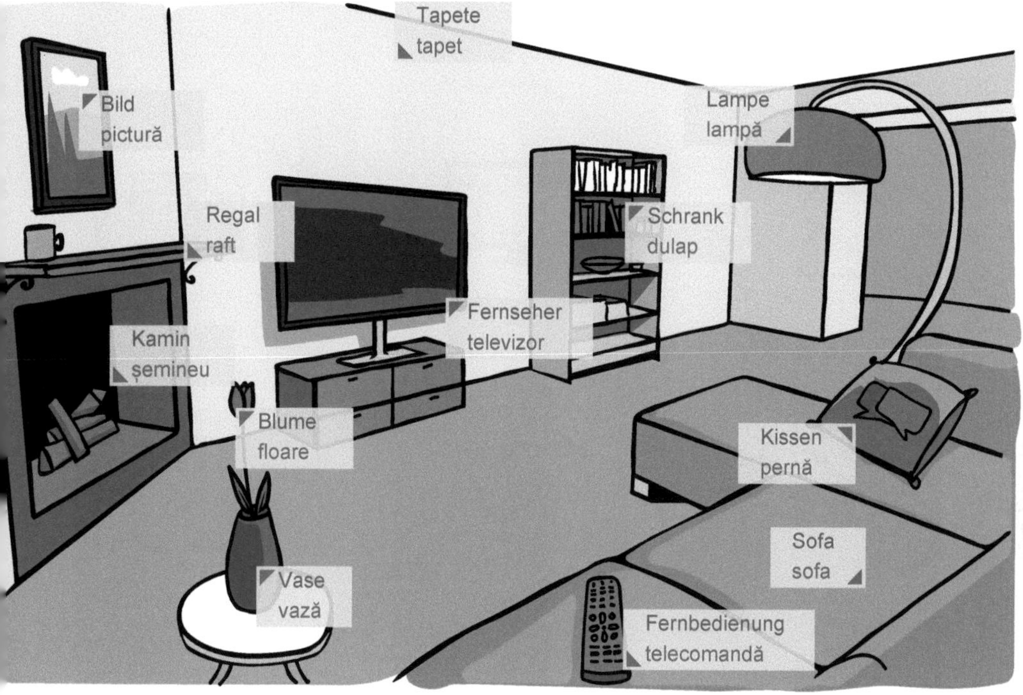

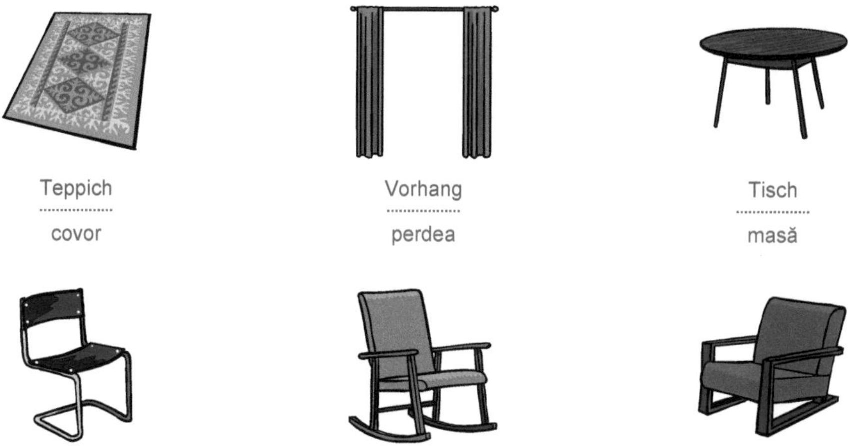

Teppich
covor

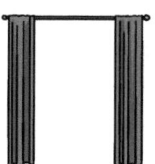

Vorhang
perdea

Tisch
masă

Stuhl
scaun

Schaukelstuhl
balansoar

Sessel
fotoliu

Buch

carte

Decke

pătură

Dekoration

decoraţiune

Feuerholz

lemn de foc

Film

film

Stereoanlage

instalaţie stereo

Schlüssel

cheie

Zeitung

ziar

Gemälde

desen

Poster

poster

Radio

radio

Notizblock

caiet de notiţe

Staubsauger

aspirator

Kaktus

cactus

Kerze

lumânare

Küche
bucătărie

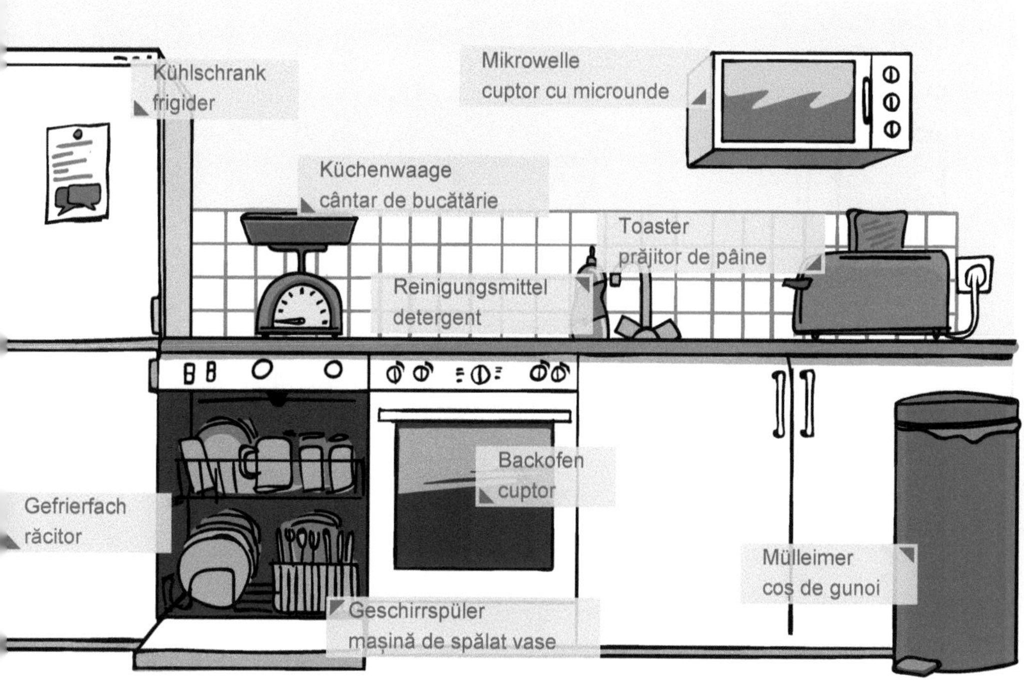
Kühlschrank
frigider
Mikrowelle
cuptor cu microunde
Küchenwaage
cântar de bucătărie
Toaster
prăjitor de pâine
Reinigungsmittel
detergent
Backofen
cuptor
Gefrierfach
răcitor
Mülleimer
coș de gunoi
Geschirrspüler
mașină de spălat vase

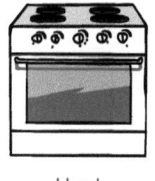

Herd

cuptor

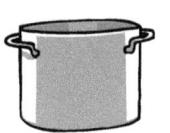

Topf

oală

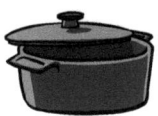

Eisentopf

oală de metal

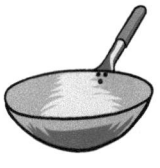

Wok / Kadai

wok/kadai

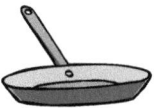

Pfanne

tigaie

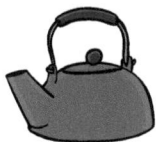

Wasserkocher

ceainic

Dampfgarer

oală de gătit cu aburi

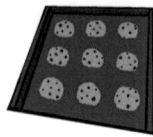

Backblech

tavă de copt

Geschirr

veselă

Becher

pahar

Schale

bol

Essstäbchen

bețișoare

Suppenkelle

polonic

Pfannenwender

spatulă

Schneebesen

tel

Kochsieb

sită

Sieb

sită

Reibe

răzătoare

Mörser

mojar

Grill

grătar

Feuerstelle

loc pentru grătar

Schneidebrett

tocător

Nudelholz

sucitor

Korkenzieher

tirbușon

Dose

conservă

Dosenöffner

deschizător de conserve

Topflappen

șervete termice

Waschbecken

chiuvetă

Bürste

perie

Schwamm

burete

Mixer

mixer

Gefriertruhe

ladă frigorifică

Babyflasche

biberon

Wasserhahn

robinet

Badezimmer
baie

Dusche
duș
Heizung
încălzire
Handtuch
prosop
Duschvorhang
perdea de duș
Schaumbad
baie cu spumă
Badewanne
cadă
Glas
pahar
Waschmaschine
mașină de spălat
Wasserhahn
robinet
Fliesen
gresie
Töpfchen
oală de noapte
Waschbecken
chiuvetă

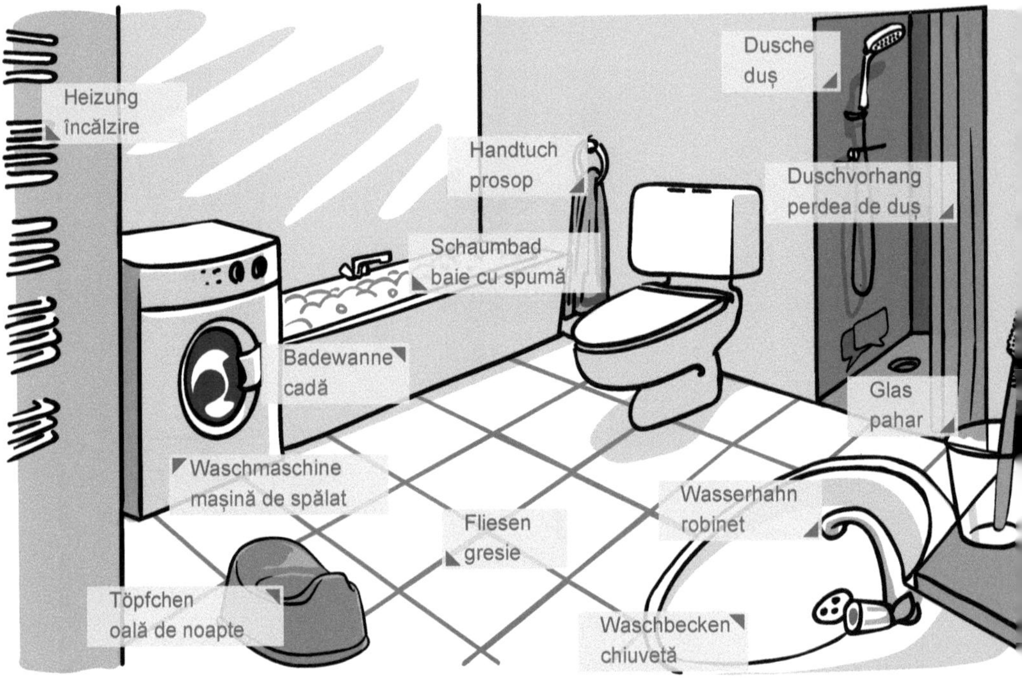

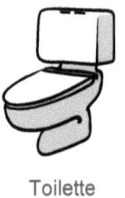

Toilette
toaletă

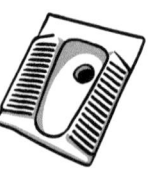

Hocktoilette
toaletă turcescă

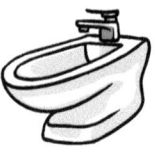

Bidet
bideu

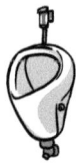

Pissoir
pisoir

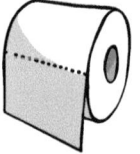

Toilettenpapier
hârtie igienică

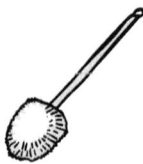

Toilettenbürste
perie de toaletă

Zahnbürste

periuță de dinți

Zahnpasta

pastă de dinți

Zahnseide

ață dentară

waschen

a spăla

Handbrause

cap de duș

Intimdusche

duș intim

Waschschüssel

lavoar

Rückenbürste

perie pentru spate

Seife

săpun

Duschgel

gel de duș

Shampoo

șampon

Waschlappen

cârpă de spălat

Abfluss

scurgere

Creme

cremă

Deodorant

deodorant

Spiegel

oglindă

Kosmetikspiegel

oglindă cosmetică

Rasierer

aparat de ras

Rasierschaum

spumă de ras

Rasierwasser

aftershave

Kamm

pieptene

Bürste

perie

Föhn

uscător de păr

Haarspray

fixator

Makeup

machiaj

Lippenstift

ruj

Nagellack

lac de unghii

Watte

vată

Nagelschere

foarfece de unghii

Parfum

parfum

Kulturbeutel

neseser

Hocker

taburet

Waage

cântar

Bademantel

halat de baie

Gummihandschuhe

mănuși de cauciuc

Tampon

tampon

Damenbinde

tampon

Chemietoilette

toaletă chimică

Kinderzimmer

camera copiilor

Wecker
ceas deșteptător
Kuscheltier
jucărie de pluș
Spielzeugauto
mașină de jucărie
Rassel
morișcă
Puppenhaus
casă de păpuși
Geschenk
cadou

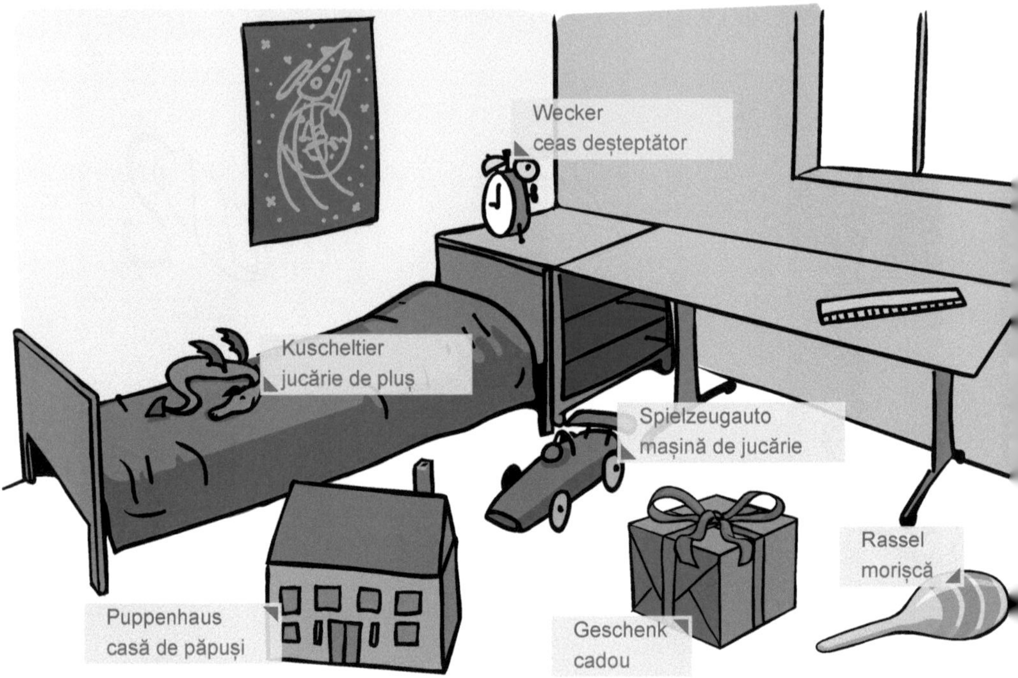

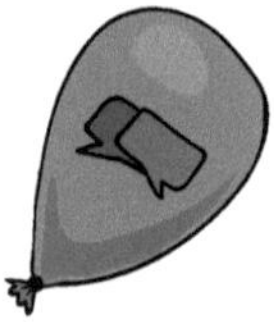

Ballon

balon

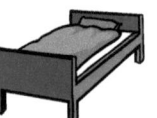

Bett

pat

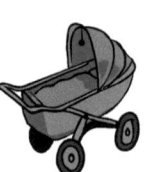

Kinderwagen

cărucior de copii

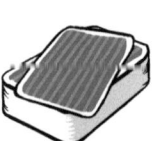

Kartenspiel

joc de cărți

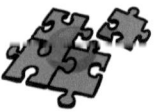

Puzzle

puzzle

Comic

revistă de benzi desenate

Legosteine

cuburi lego

Bausteine

piese pentru construcții

Action Figur

personaj din filmele de acțiune

Strampelanzug

body

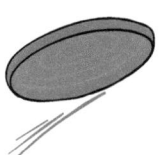

Frisbee

frisbee

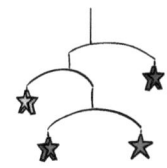

Mobile

mobil

Brettspiel

joc de societate

Würfel

zar

Modelleisenbahn

set trenuleț de jucărie

Schnuller

suzetă

Party

petrecere

Bilderbuch

carte cu poze

Ball

minge

Puppe

păpușă

spielen

a se juca

Sandkasten

groapă de nisip

Schaukel

leagăn

Spielzeug

jucării

Spielkonsole

consolă video

Dreirad

tricicletă

Teddy

ursuleț

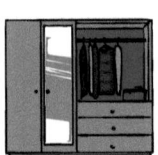

Kleiderschrank

dulap

Kleidung

îmbrăcăminte

Socken

șosete

Strümpfe

ciorapi

Strumpfhose

dres

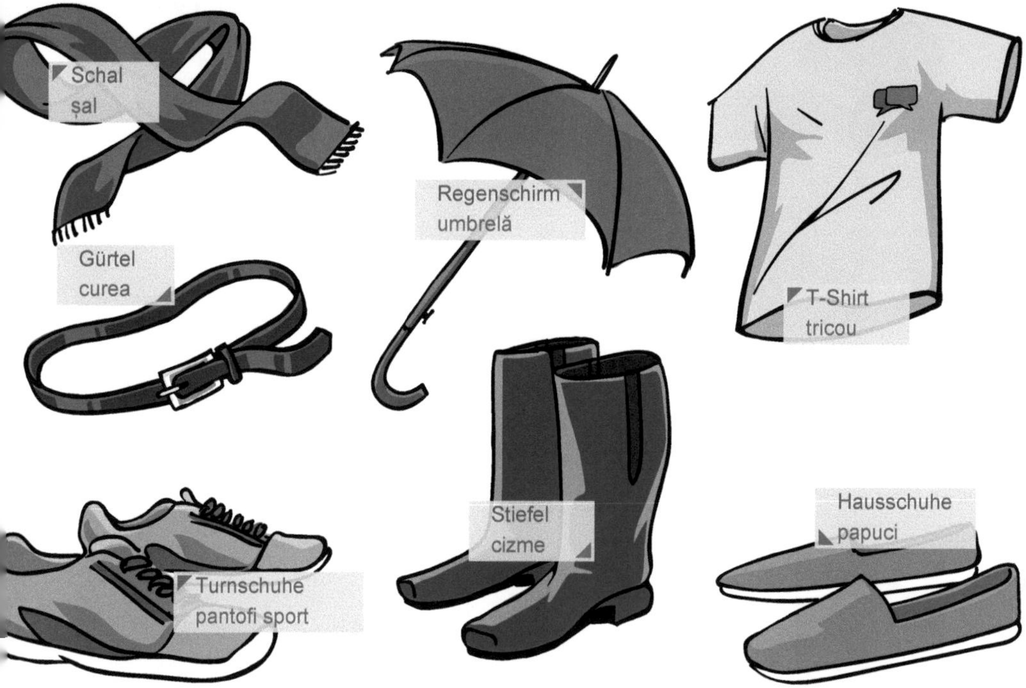

Schal
șal

Regenschirm
umbrelă

T-Shirt
tricou

Gürtel
curea

Hausschuhe
papuci

Stiefel
cizme

Turnschuhe
pantofi sport

Sandalen
....
sandale

Schuhe
....
încălțăminte

Gummistiefel
....
cizme de cauciuc

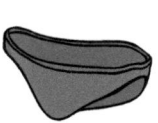

Unterhose
....
chilot

Büstenhalter
....
sutien

Unterhemd
....
maiou

Body
body

Hose
pantaloni

Jeans
blugi

Rock
fustă

Bluse
bluză

Hemd
cămașă

Pullover
pulover

Kapuzenpullover
jerseu

Blazer
sacou

Jacke
jachetă

Mantel
palton

Regenmantel
pelerină de ploaie

Kostüm
costum

Kleid
rochie

Hochzeitskleid
rochie de mireasă

Anzug

costum

Nachthemd

cămașă de noapte

Schlafanzug

pijama

Sari

sari

Kopftuch

batic

Turban

turban

Burka

burka

Kaftan

caftan

Abaya

abaya

Badeanzug

costum de baie

Badehose

șort

Kurze Hose

pantaloni scurți

Trainingsanzug

trening

Schürze

șorț

Handschuhe

mănuși

Knopf

nasture

Brille

ochelari

Armband

brățară

Halskette

lanț

Ring

inel

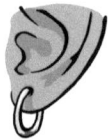

Ohrring

cercel

Mütze

căciulă

Kleiderbügel

umeraș

Hut

pălărie

Krawatte

cravată

Reißverschluss

fermoar

Helm

cască

Hosenträger

bretele

Schuluniform

uniformă școlară

Uniform

uniformă

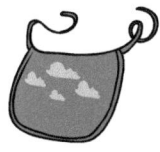

Lätzchen

bavețică

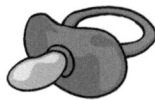

Schnuller

suzetă

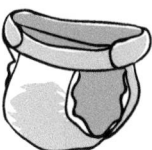

Windel

scutec

Büro
birou

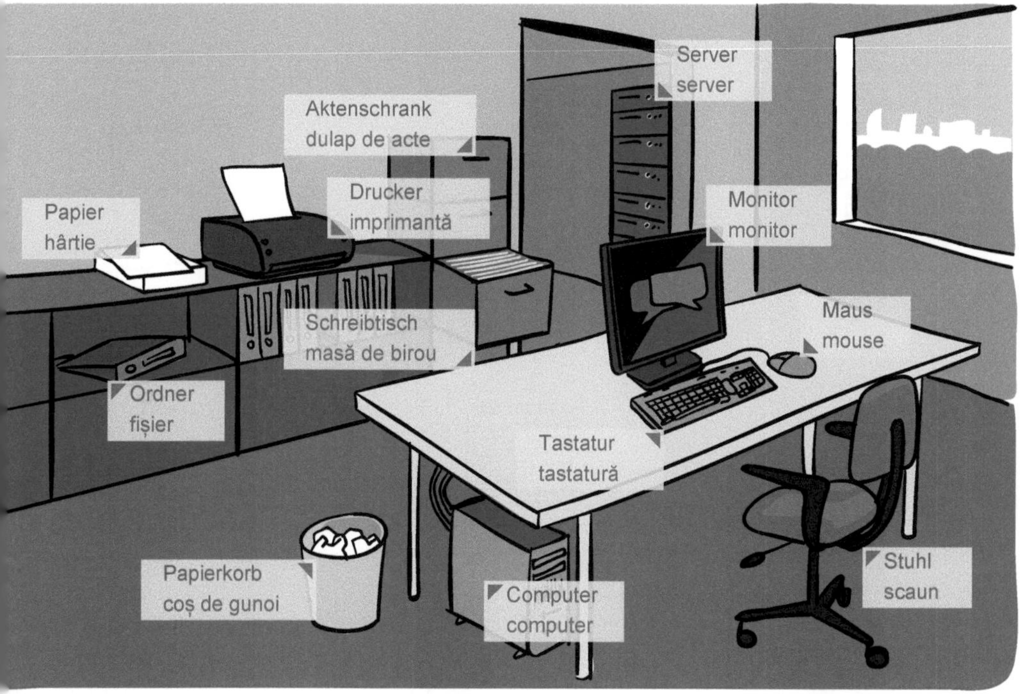
Server
server
Aktenschrank
dulap de acte
Papier
hârtie
Drucker
imprimantă
Monitor
monitor
Schreibtisch
masă de birou
Maus
mouse
Ordner
fișier
Tastatur
tastatură
Papierkorb
coș de gunoi
Computer
computer
Stuhl
scaun

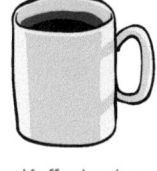

Kaffeebecher

ceașcă de cafea

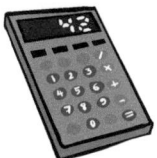

Taschenrechner

calculator

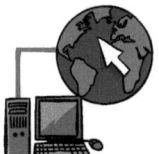

Internet

internet

Laptop

laptop

Brief

scrisoare

Nachricht

mesaj

Handy

telefon mobil

Netzwerk

reţea

Kopierer

copiator

Software

software

Telefon

telefon

Steckdose

priză

Fax

fax

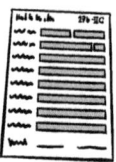

Formular

formular

Dokument

document

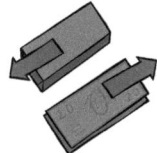

kaufen

a cumpăra

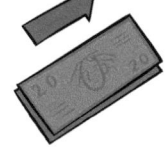

bezahlen

a plăti

handeln

a face comerț

Geld

bani

Dollar

Dolar

Euro

Euro

Yen

Yen

Rubel

Rublă

Franken

Franc Elveţian

Renminbi Yuan

renminbi yuan

Rupie

Rupie

Geldautomat

bancomat

Wechselstube

casă de schimb valutar

Gold

aur

Silber

argint

Öl

petrol

Energie

energie

Preis

preț

Vertrag

contract

Steuer

impozit

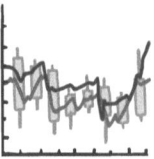

Aktie

acțiune

arbeiten

a munci

Angestellter

angajat

Arbeitgeber

angajator

Fabrik

fabrică

Geschäft

magazin

Berufe
ocupații

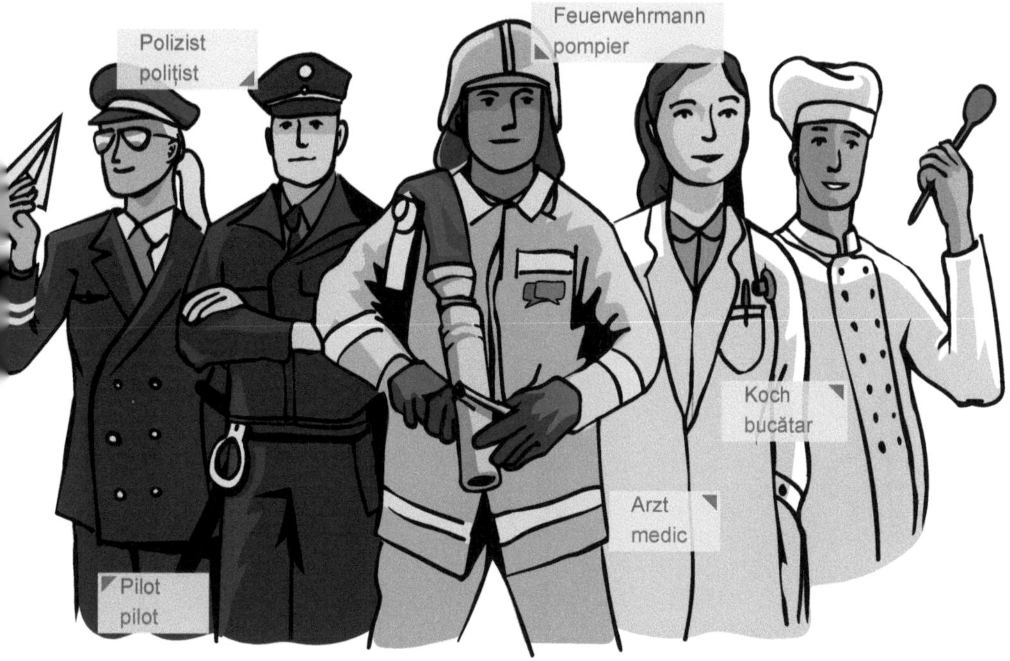
Polizist
polițist
Feuerwehrmann
pompier
Koch
bucătar
Arzt
medic
Pilot
pilot

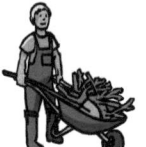

Gärtner
grădinar

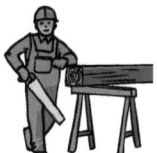

Tischler
tâmplar

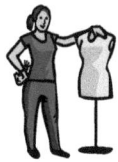

Näherin
cusătoreasă

Richter
judecător

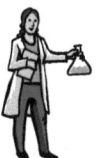

Chemiker
chimist

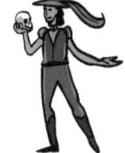

Schauspieler
actor

Busfahrer

șofer de autobuz

Taxifahrer

șofer de taxi

Fischer

pescar

Putzfrau

femeie de serviciu

Dachdecker

tinichigiu

Kellner

chelnăr

Jäger

vânător

Maler

pictor

Bäcker

brutar

Elektriker

electrician

Bauarbeiter

muncitor în construcții

Ingenieur

inginer

Schlachter

măcelar

Klempner

instalator

Postbote

poștaș

Soldat

soldat

Architekt

arhitect

Kassierer

casier

Florist

florar

Friseur

frizer

Schaffner

controlor

Mechaniker

mecanic

Kapitän

căpitan

Zahnarzt

stomatolog

Wissenschaftler

om de știință

Rabbi

rabin

Imam

imam

Mönch

călugăr

Geistlicher

preot

Werkzeuge
instrumente

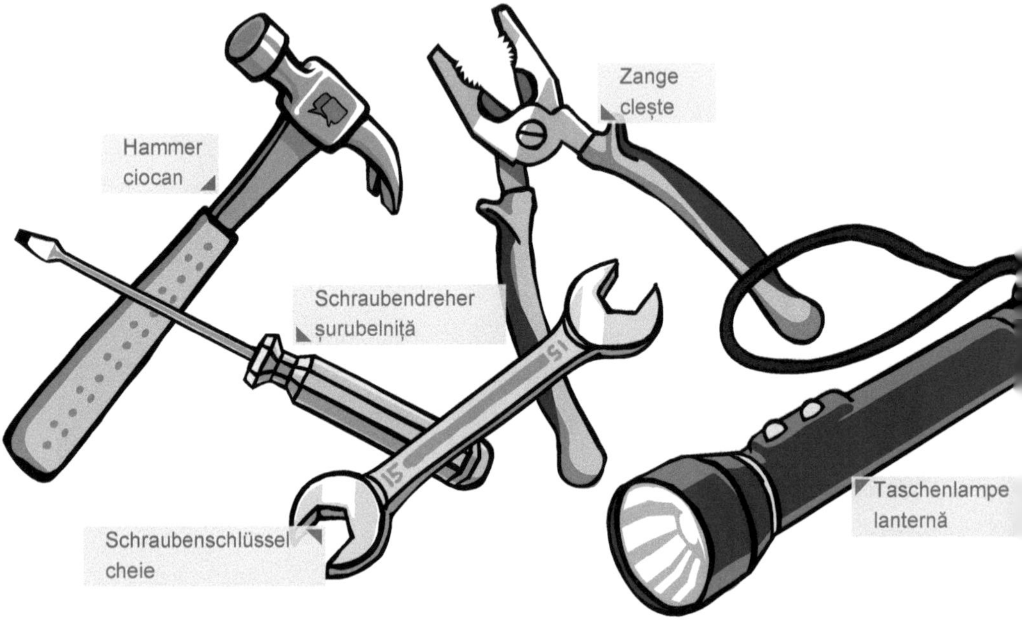

Hammer
ciocan
Zange
clește
Schraubendreher
șurubelniță
Schraubenschlüssel
cheie
Taschenlampe
lanternă

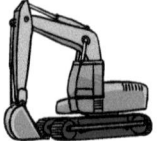

Bagger
excavator

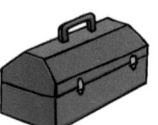

Werkzeugkasten
cutie de scule

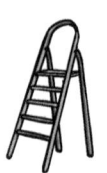

Leiter
scară

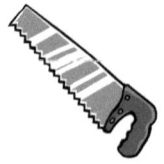

Säge
ferăstrău

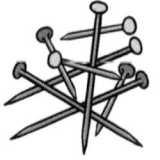

Nägel
cuie

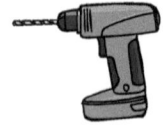

Bohrer
burghiu

reparieren

a repara

Schaufel

lopată

Mist!

La naiba!

Kehrblech

făraș

Farbtopf

vas pentru vopsea

Schrauben

șuruburi

Musikinstrumente

instrumente muzicale

Lautsprecher
difuzor

Schlagzeug
set tobe

Gitarre
chitară

Kontrabass
contrabas

Trompete
trompetă

Klavier

pian

Violine

vioară

Bass

bas

Pauke

trombon

Trommeln

tobă

Keyboard

keyboard

Saxophon

saxofon

Flöte

fluier

Mikrofon

microfon

Zoo
grădină zoologică

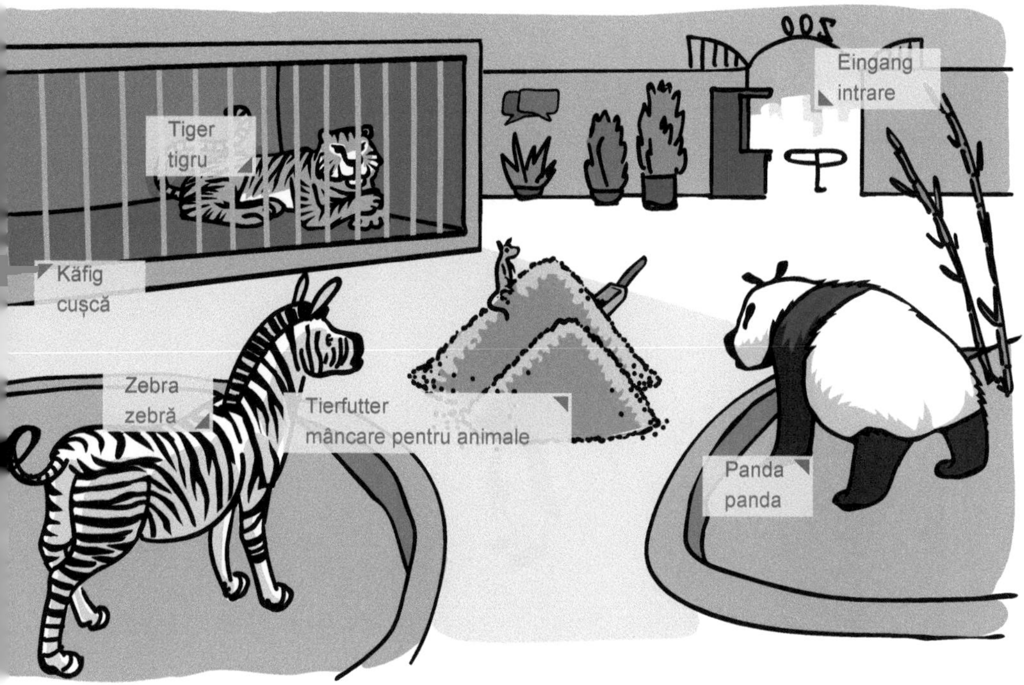

Eingang
intrare
Tiger
tigru
Käfig
cuşcă
Zebra
zebră
Tierfutter
mâncare pentru animale
Panda
panda

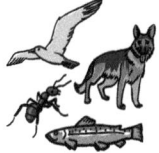

Tiere
animale

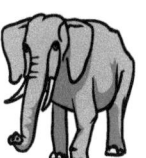

Elefant
elefant

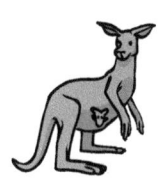

Känguru
cangur

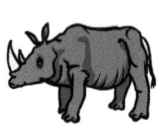

Nashorn
rinocer

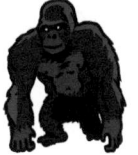

Gorilla
gorilă

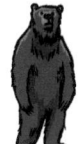

Bär
urs

Kamel

cămilă

Strauß

struț

Löwe

leu

Affe

maimuță

Flamingo

flamingo

Papagei

papagal

Eisbär

urs polar

Pinguin

pinguin

Hai

rechin

Pfau

păun

Schlange

șarpe

Krokodil

crocodil

Zoowärter

îngrijitor grădina zoologică

Robbe

focă

Jaguar

jaguar

Zoo - grădină zoologică

Pony

ponei

Leopard

leopard

Nilpferd

hipopotam

Giraffe

girafă

Adler

acvilă

Wildschwein

porc mistreţ

Fisch

peşte

Schildkröte

broască ţestoasă

Walross

morsă

Fuchs

vulpe

Gazelle

gazelă

American Football
fotbal american

Radfahren
ciclism

Tennis
tenis

Basketball
basketball

Schwimmen
înot

Boxen
box

Eishockey
hockey pe gheață

Fußball
fotbal

Badminton
badminton

Leichtathletik
atletism

Handball
handbal

Skilaufen
schi

Polo
polo

Aktivitäten
activități

lachen
a râde
springen
a sări
umarmen
a îmbrățișa
gehen
a merge
singen
a cânta
träumen
a visa
beten
a se ruga
küssen
a săruta

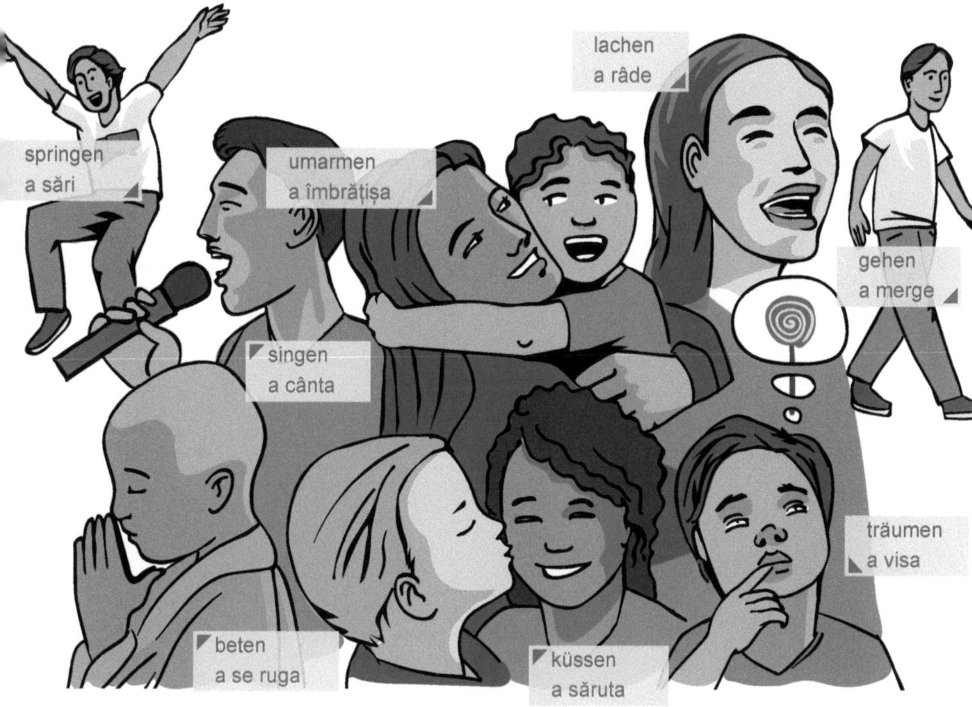

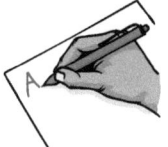

schreiben

a scrie

zeichnen

a desena

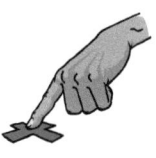

zeigen

a arăta

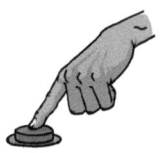

drücken

a împinge

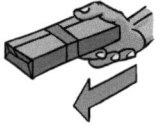

geben

a da

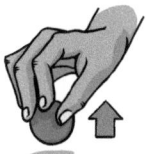

nehmen

a lua

haben

a avea

tun

a face

sein

a fi

stehen

a sta în picioare

laufen

a fugi

ziehen

a trage

werfen

a arunca

fallen

a cădea

liegen

a sta întins

warten

a aștepta

tragen

a purta

sitzen

a ședea

anziehen

a se îmbrăca

schlafen

a dormi

aufwachen

a se trezi

ansehen

a privi

weinen

a plânge

streicheln

a mângâia

kämmen

a se pieptăna

reden

a vorbi

verstehen

a înțelege

fragen

a întreba

hören

a asculta

trinken

a bea

essen

a mânca

aufräumen

a face ordine

lieben

a iubi

kochen

a găti

fahren

a conduce

fliegen

a zbura

segeln

a naviga

rechnen

a calcula

lesen

a citi

lernen

a învăța

arbeiten

a munci

heiraten

a se căsători

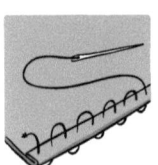

nähen

a coase

Zähne putzen

a se spăla pe dinți

töten

a ucide

rauchen

a fuma

senden

a trimite

Familie
familie

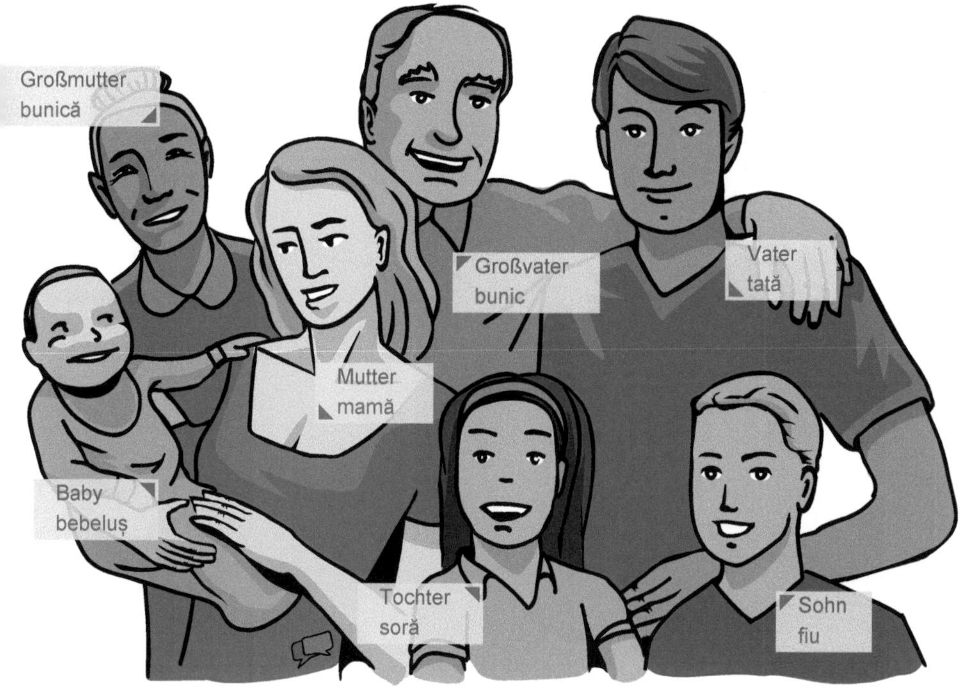
Großmutter
bunică
Großvater
bunic
Vater
tată
Mutter
mamă
Baby
bebeluș
Tochter
soră
Sohn
fiu

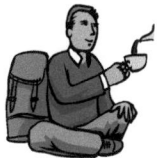

Gast
oaspete

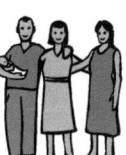

Tante
mătușă

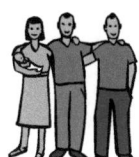

Onkel
unchi

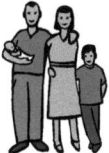

Bruder
frate

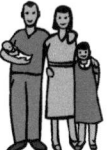

Schwester
soră

Körper
corp

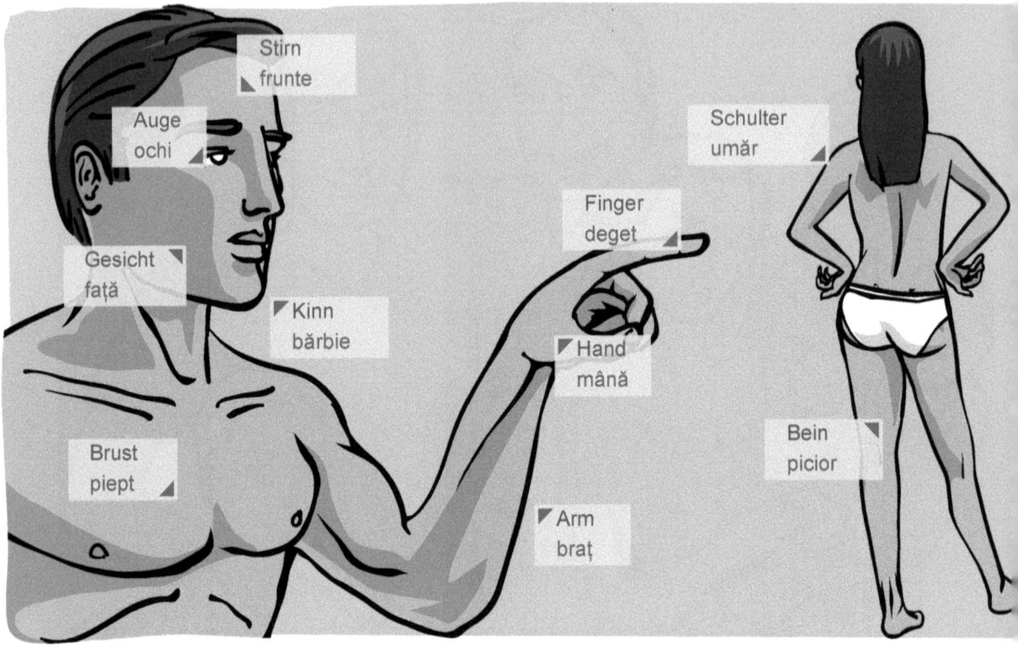

Stirn
frunte
Auge
ochi
Schulter
umăr
Finger
deget
Gesicht
față
Kinn
bărbie
Hand
mână
Bein
picior
Brust
piept
Arm
braț

Baby
bebeluș

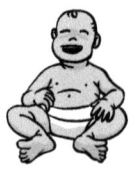

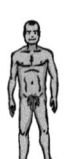

Mann
bărbat

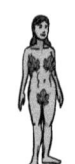

Frau
femeie

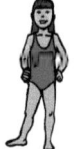

Mädchen
fată

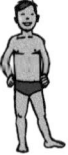

Junge
băiat

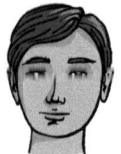

Kopf
cap

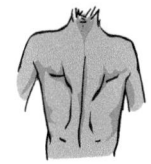

Rücken

spate

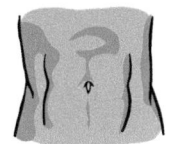

Bauch

abdomen

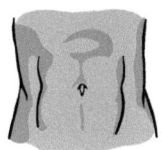

Nabel

ombilic

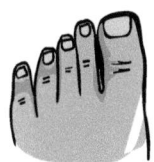

Zeh

deget de la picior

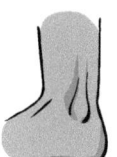

Ferse

călcâi

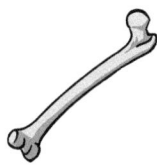

Knochen

os

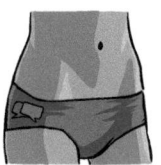

Hüfte

șold

Knie

genunchi

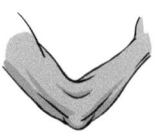

Ellenbogen

cot

Nase

nas

Gesäß

fund

Haut

piele

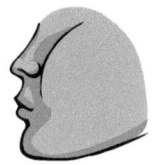

Wange

obraz

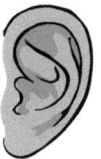

Ohr

ureche

Lippe

buză

Körper - corp

Mund

gură

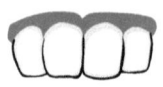

Zahn

dinte

Zunge

limbă

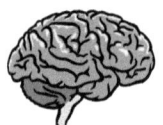

Gehirn

creier

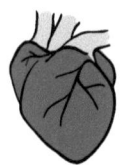

Herz

inimă

Muskel

mușchi

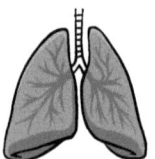

Lunge

plămân

Leber

ficat

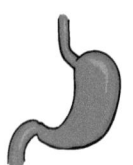

Magen

stomac

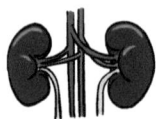

Nieren

rinichi

Geschlechtsverkehr

sex

Kondom

prezervativ

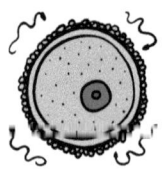

Eizelle

ovul

Sperma

spermă

Schwangerschaft

sarcină

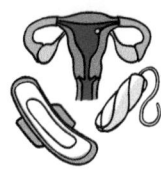

Menstruation

menstruație

Vagina

vagin

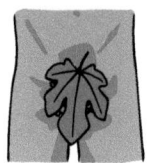

Penis

penis

Augenbraue

sprânceană

Haar

păr

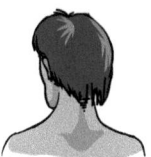

Hals

gât

Krankenhaus
spital

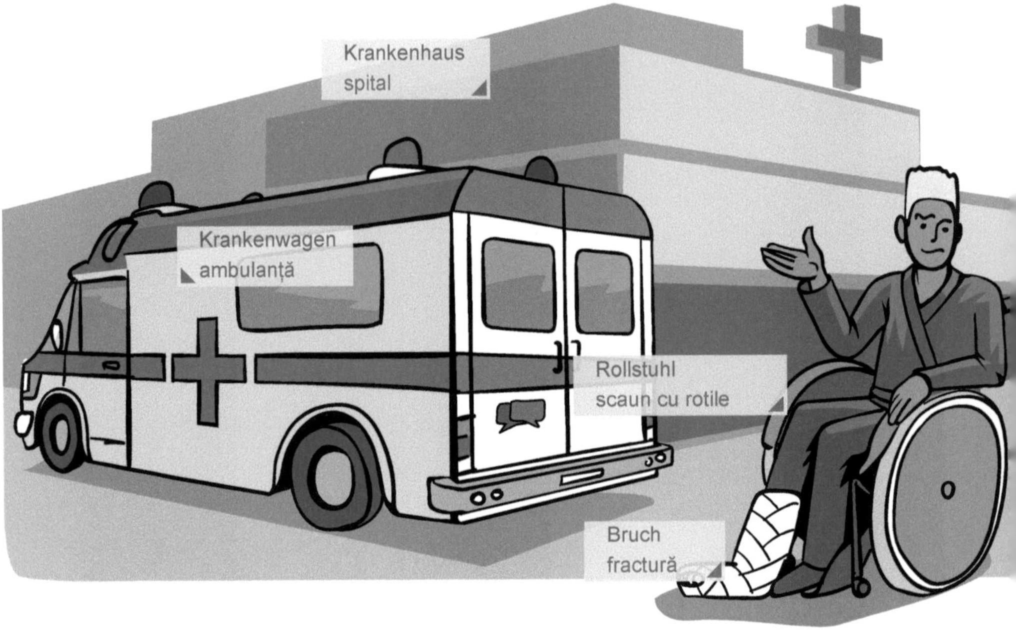

Krankenhaus
spital
Krankenwagen
ambulanță
Rollstuhl
scaun cu rotile
Bruch
fractură

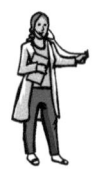

Arzt
medic

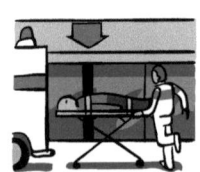

Notaufnahme
unitate de primiri urgențe

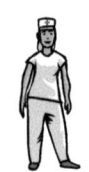

Krankenschwester
soră medicală

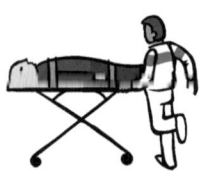

Notfall
urgență

ohnmächtig
inconștient

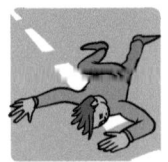

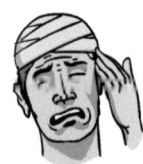

Schmerz
durere

Verletzung

leziune

Blutung

sângerare

Herzinfarkt

infarct miocardic

Schlaganfall

atac cerebral

Allergie

alergie

Husten

tuse

Fieber

febră

Grippe

gripă

Durchfall

diaree

Kopfschmerzen

durere de cap

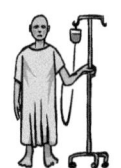

Krebs

cancer

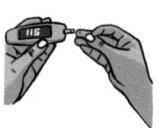

Diabetis

diabet

Chirurg

chirurg

Skalpell

scalpel

Operation

operație

CT
CT

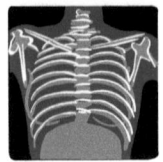

Röntgen
raze Röntgen

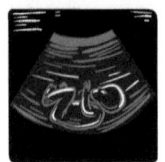

Ultraschall
ultrasunet

Maske
mască

Krankheit
boală

Wartezimmer
sală de așteptare

Krücke
cârjă

Pflaster
plasture

Verband
bandaj

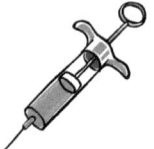

Injektion
injecție

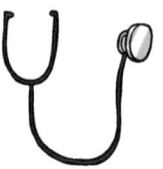

Stethoskop
stetoscop

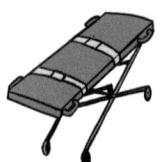

Trage
targă

Thermometer
termometru

Geburt
naștere

Übergewicht
supraponderabilitate

Hörgerät

aparat auditiv

Desinfektionsmittel

dezinfectant

Infektion

infecţie

Virus

virus

HIV / AIDS

HIV/SIDA

Medizin

medicină

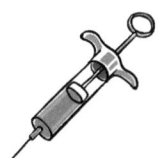

Impfung

vaccin

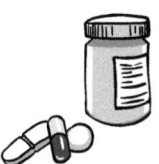

Tabletten

tablete

Pille

pastilă

Notruf

apel de urgenţă

Blutdruck-Messgerät

aparat de măsurare a
presiunii arteriale

krank / gesund

bolnav/sănătos

Hilfe!

Ajutor!

Alarm

alarmă

Überfall

agresiune

Angriff

atac

Gefahr

pericol

Notausgang

ieşire de urgenţă

Feuer!

Foc!

Feuerlöscher

extinctor

Unfall

accident

Erste-Hilfe-Koffer

trusă de prim-ajutor

SOS

SOS

Polizei

poliţie

Europa

Europa

Nordamerika

America de Nord

Südamerika

America de Sud

Afrika

Africa

Asien

Asia

Australien

Australia

Atlantik

Altantic

Pazifik

Pacific

Indischer Ozean

Oceanul Indian

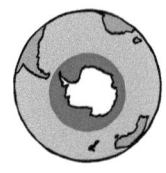

Antarktischer Ozean

Oceanul Antarctic

Arktischer Ozean

Oceanul Arctic

Nordpol

Polul Nord

Südpol

Polul Sud

Antarktis

Antarctica

Erde

pământ

Land

țară

Meer

mare

Insel

insulă

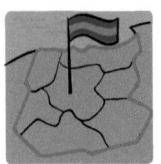

Nation

națiune

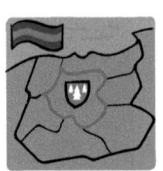

Staat

stat

Zifferblatt
....
cadran

Stundenzeiger
....
orar

Minutenzeiger
....
minutar

Sekundenzeiger
....
secundar

Wie spät ist es?
....
Cât e ceasul?

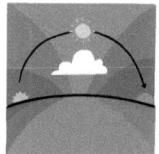

Tag
....
zi

Zeit
....
timp

jetzt
....
acum

Digitaluhr
....
cead digital

Minute
....
minut

Stunde
....
oră

Woche
săptămână

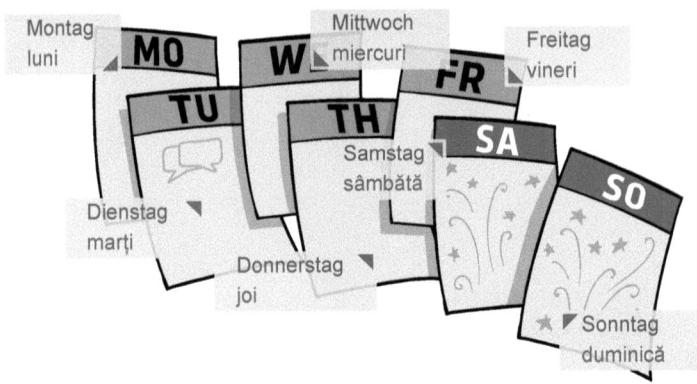

gestern

ieri

heute

azi

morgen

mâine

Morgen

dimineață

Mittag

amiază

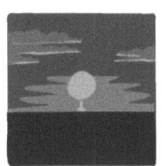

Abend

seară

MO	TU	WE	TH	FR	SA	SU
1	2	3	4	5	6	7
8	9	10	11	12	13	14
15	16	17	18	19	20	21
22	23	24	25	26	27	28
29	30	31	1	2	3	4

Arbeitstage

zile lucrătoare

MO	TU	WE	TH	FR	SA	SU
1	2	3	4	5	6	7
8	9	10	11	12	13	14
15	16	17	18	19	20	21
22	23	24	25	26	27	28
29	30	31	1	2	3	4

Wochenende

week-end

Jahr
an

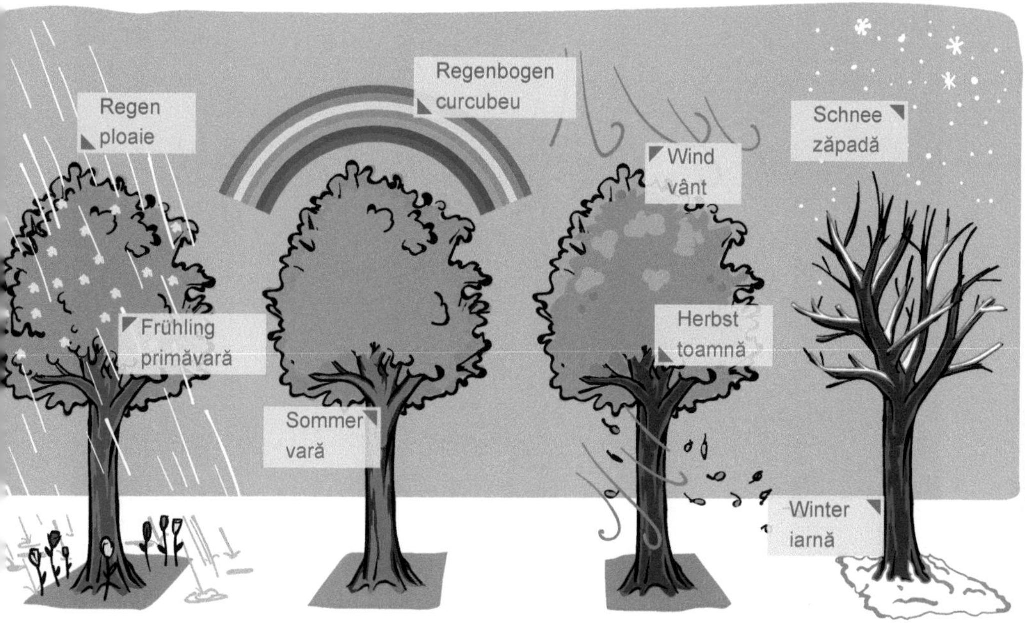

Regen
ploaie
Regenbogen
curcubeu
Wind
vânt
Schnee
zăpadă
Frühling
primăvară
Herbst
toamnă
Sommer
vară
Winter
iarnă

4.APRIL 11°
5.APRIL 4°
6.APRIL 13°
7.APRIL 8°
8.APRIL 10°

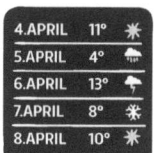

Wettervorhersage

prognoză meteo

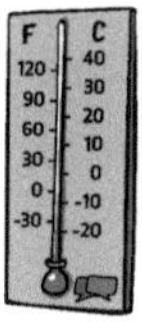

F C
120 90 60 30 0 -30
40 30 20 10 0 -10 -20

Thermometer

termometru

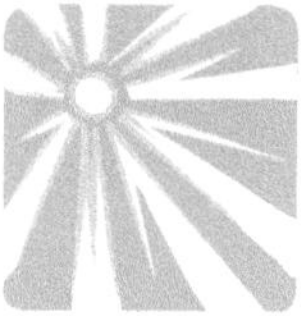

Sonnenschein

lumina soarelui

Wolke

nor

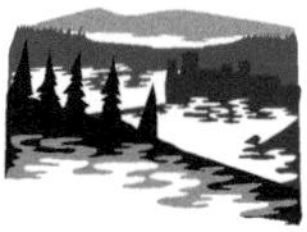

Nebel

ceață

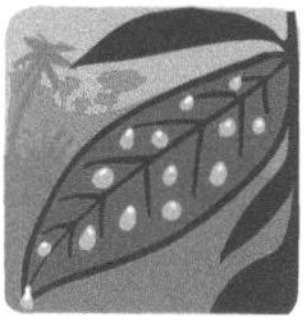

Luftfeuchtigkeit

umiditate a aerului

Blitz

fulger

Donner

tunet

Sturm

furtună

Hagel

grindină

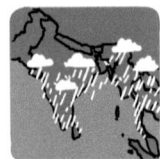

Monsun

muson

Flut

inundaţie

Eis

gheaţă

Januar

ianuarie

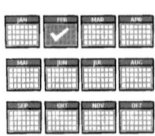

Februar

februarie

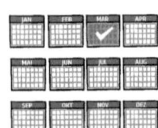

März

martie

April

aprilie

Mai

mai

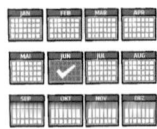

Juni

iunie

Juli

iulie

August

august

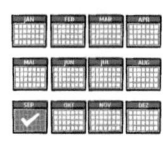

September
....
septembrie

Oktober
....
octombrie

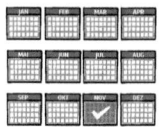

November
....
noiembrie

Dezember
....
decembrie

Formen
forme

Kreis
....
cerc

Quadrat
....
pătrat

Rechteck
....
dreptunghi

Dreieck
....
triunghi

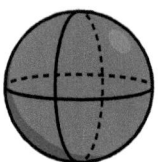

Kugel
....
sferă

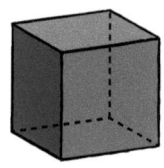

Würfel
....
cub

weiß
alb

gelb
galben

orange
portocaliu

pink
roz

rot
roșu

lila
violet

blau
albastru

grün
verde

braun
maro

grau
gri

schwarz
negru

viel / wenig

mult/puțin

wütend / friedlich

furios/calm

hübsch / hässlich

frumos/urât

Anfang / Ende

început/sfârșit

groß / klein

mare/mic

hell / dunkel

luminos/întunecat

Bruder / Schwester

frate/soră

sauber / schmutzig

curat/murdar

vollständig / unvollständig

complet/incomplet

Tag / Nacht

zi/noapte

tot / lebendig

mort/viu

breit / schmal

lat/strâmt

genießbar / ungenießbar

comestibil/necomestibil

böse / freundlich

rău/prietenos

aufgeregt / gelangweilt

emoționat/plictisit

dick / dünn

gras/slab

zuerst / zuletzt

primul/ultimul

Freund / Feind

prieten/inamic

voll / leer

plin/gol

hart / weich

tare/moale

schwer / leicht

greu/ușor

Hunger / Durst

foame/sete

krank / gesund

bolnav/sănătos

illegal / legal

ilegal/legal

intelligent / dumm

inteligent/stupid

links / rechts

stânga/drepta

nah / fern

aproape/departe

neu / gebraucht

nou/uzat

nichts / etwas

nimic/ceva

alt / jung

bătrân/tânăr

an / aus

pornit/oprit

offen / geschlossen

deschis/închis

leise / laut

încet/tare

reich / arm

bogat/sărac

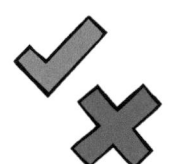

richtig / falsch

corect/fals

rau / glatt

aspru/neted

traurig / glücklich

trist/fericit

kurz / lang

lung/scurt

langsam / schnell

încet/repede

nass / trocken

ud/uscat

warm / kühl

cald/rece

Krieg / Frieden

război/pace

0	**1**	**2**
null	eins	zwei
zero	unu	doi

3	**4**	**5**
drei	vier	fünf
trei	patru	cinci

6	**7**	**8**
sechs	sieben	acht
șase	șapte	opt

9	**10**	**11**
neun	zehn	elf
nouă	zece	unsprezece

12	**13**	**14**
zwölf	dreizehn	vierzehn
douăsprezece	treisprezece	paisprezece

15	**16**	**17**
fünfzehn	sechzehn	siebzehn
cincisprezece	șaisprezece	șaptesprezece

18	**19**	**20**
achtzehn	neunzehn	zwanzig
optsprezece	nouăsprezece	douăzeci

100	**1.000**	**1.000.000**
hundert	tausend	million
o sută	o mie	un milion

Englisch

engleză

Amerikanisches Englisch

engleză americană

Chinesisch Mandarin

chineza mandarină

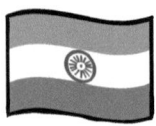

Hindi

hindi

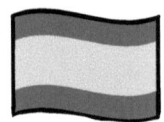

Spanisch

spaniolă

Französisch

franceză

Arabisch

arabă

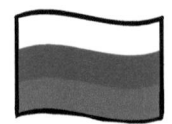

Russisch

rusă

Portugiesisch

protugheză

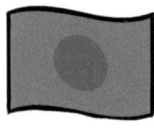

Bengalisch

bengaleză

Deutsch

germană

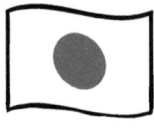

Japanisch

japoneză

ich
....
eu

du
....
tu

er / sie / es
....
el/ea

wir
....
noi

ihr
....
voi

sie
....
ea

wer?
....
cine?

was?
....
ce?

wie?
....
cum?

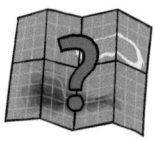

wo?
....
unde?

wann?
....
când?

Name
....
nume

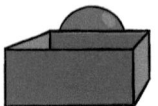

hinter

în spate

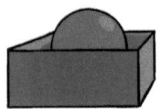

in

în

vor

înainte

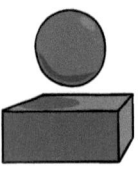

über

peste

auf

pe

unter

sub

neben

lângă

zwischen

între

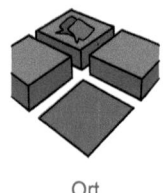

Ort

loc